MOYEN D'ORDRE

pris dans la nature

POUR ORGANISER

LA GRANDE FAMILLE DU PEUPLE

A L'AVANTAGE RÉEL

DE TOUTES LES CLASSES DE LA SOCIÉTÉ,

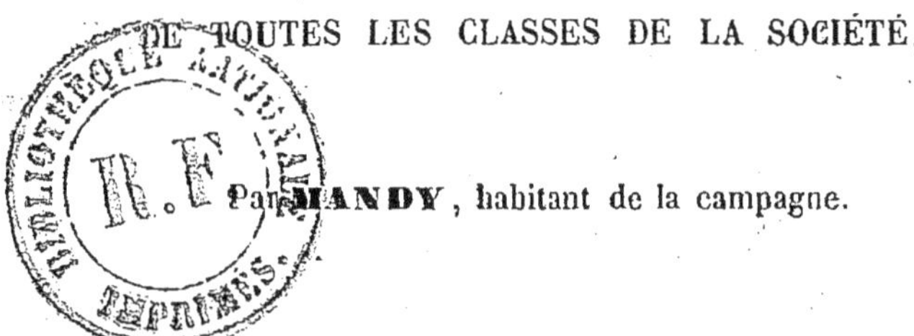

Par MANDY, habitant de la campagne.

LYON. IMPR. DE RODANET ET COMP., R. DE L'ARCHEVÊCHÉ, 5.

Conformément à la loi deux exemplaires ont été déposés à la disposition du Gouvernement.

1848

A MM. LES MAIRES, LES ADJOINTS ET LES MEMBRES DU CONSEIL MUNICIPAL.

Citoyens,

Comme habitant de la campagne, j'ai ressenti son besoin, et des amis m'ont engagé à lui faire parvenir le fruit de mes remarques. L'intérêt qu'ils ont compris sera, je n'en doute pas, également compris de vous tous et de vos administrés, aussitôt que vous aurez bien voulu leur en donner connaissance.

Vous voulez quelqu'un qui, en représentant la campagne, n'aie pas seulement son cœur pour elle, mais qui sache aussi la comprendre, et en défendre les intérêts.

Hé bien! vous l'avez en moi. Si vous m'en savez gré, vous me compterez au nombre des quatorze noms que vous devez élire.

Agréez, citoyens maires, adjoints et membres municipaux, ainsi que vos administrés, ma parfaite considération et mon dévouement intime.

MANDY.

Cet ouvrage, devant être envoyé à tous les maires des communes circonvoisines, n'étant pas connu du canton, j'ai cru devoir y joindre des certificats à l'appui, que j'ai transcrits littéralement et placés à la fin de l'ouvrage.

D É D I É

AUX CITOYENS ÉLECTEURS DU DÉPARTEMENT
DU RHONE.

Mes chers Concitoyens ,

Tous les candidats qui se proposent à la députation font des professions de foi politiques, et aussi pour ce qu'ils désirent de bien dans l'intérêt public! moi, j'en fais l'application et la propose praticable.

Si vous me savez gré d'avoir employé mon temps à vous procurer un champ nouveau, où les semences de l'esprit national puissent germer à l'aise au profit de tous, vous m'enverrez dans son sein pour, au besoin, en faire la proposition et en développer toute l'étendue.

Je le ferai avec dévouement, car ma pensée a été et sera toujours en tout temps consacrée à ce principe évangélique d'ordre et de bien-être du peuple, qui est le seul et véritable intérêt où se rattache la liberté, l'égalité et la fraternité.

Je jure de n'accepter aucun emploi pendant tout le temps que je siégerai à l'Assemblée nationale.

Agréez, mes très chers concitoyens, l'assurance de mon empressement et mon respect pour vos décisions, quelle qu'en puisse être l'issue.

MANDY.

DISCOURS PRÉLIMINAIRE.

Des écrivains, hautement placés par leur esprit, leur patriotisme, leurs talens et leur position, se sont beaucoup occupés des moyens d'améliorer le sort des classes ouvrières.

Comme mon sujet s'y rattache, je serai forcé d'aborder cette question, en ce sens que j'éternise ce mode de prospérité, et le rend en même temps profitable sans exception, soit à l'Etat, comme généralement à toutes les classes de la société.

Cette question ne sera donc pas traitée de la même manière. Celle de ces messieurs avait besoin d'une prompte solution qui crée de promptes ressources. La mienne a besoin que le temps en murisse toutes les conséquences pour la rendre d'une parfaite application; elle ne peut donc s'établir que peu à peu et sans rien brusquer.

En effet, devant être une amélioration stable, bien que l'entraînement des choses nouvelles la rend depuis long-temps exigible, on ne saurait avant tout néanmoins assez la commanter. Nous sommes arrivés à ce point qu'elle est d'autant plus exigible, que c'est de ce manque d'organisation que dérivent presque toutes les crises commerciales et manufacturières, dont la société actuelle gémit et ressent de si vives douleurs.

Donc, malgré tout, il faudra forcément qu'on y vienne, à moins que des grandes guerres n'en tranchent la question.

Avant que de nous expliquer sur le mode d'exécution, pour y arriver par une pente plus douce, portons un peu nos regards sur ce qui nous entoure. Voyons au premier point tous ces nombreux établissements de transports, dont la marche accélérée, presque miraculeuse, rapproche tellement les villes, que des masses d'hommes peuvent, pour peu de chose, et en peu d'heures, venir ou se prévenir chaque jour des changements qui s'opèrent dans chaque localité voisine, et s'approprier une partie des résultats qui en proviennent.

Et la presse, à son tour, ne porte-t-elle pas au loin, dans tous les pays du monde, ce qui se passe dans l'un d'eux.

D'après cela, pour ce qui est du voisinage, l'ouvrier obtient-il une augmentation de salaire un peu forte : aussitôt que les prix sont connus, d'autres ouvriers du même genre quittent les pays voisins et veulent en profiter, dès lors cette surabondance de bras se faisant ressentir, le but en est manqué : ce sont des disputes entre eux, et pour changer une multitude d'ouvriers sans travail.

Pour ce qui est des pays éloignés, le mal en est pis. L'acheteur étranger apprend-il par les journaux ou ses voyageurs cette augmentation, il cherche ailleurs le maintien de ses habitudes, et il trouve quelquefois un avantage qu'il ne connaissait pas. Qu'en résulte-t-il ? ou qu'il faut que le Gouvernement y supplée à chaque exportation par des amples sacrifices, ou que le manufacturier ne puisse plus fournir.

Mais qu'on y pense, tous ces sacrifices il faut les combler, chacun en particulier, dans le budget de l'État. Nous avons donc tous un grand intérêt d'y pourvoir.

Veut-on, pour employer les bras, créer des ouvrages de

terrassement : si on paie plus de 1 fr. 50 c. pour les jeunes gens de 15 à 18 ans, de 1 fr. 75 c. de 18 à 20, et de 2 fr. par jour pour ceux au-dessus de cet âge, la campagne devient déserte, et les constructeurs manquent de manœuvres.

La campagne est-elle déserte, elle produit moins ; les denrées augmentent, l'importation forcée des subsistances ruine le numéraire de la France, et le trop plein se fait ressentir dans les villes.

Ce n'est donc pas d'augmenter le salaire des ouvriers, qui fait un remède réel, qui soit un effectif ; mais c'est d'obtenir qu'ils dépensent si peu pour les nécessités de la vie, qu'il leur en reste quelque chose. On conçoit dès-lors que leur bonheur, acquis de cette manière, doit être aussi un avantage pour toutes les classes de la société.

Si on veut ce bienfait, on l'obtiendra. La société académique de la Loire-Inférieure, déjà l'année dernière, en ressentit d'elle-même l'impression. C'était un pressentiment. Elle proposa un cours, et le 25 août dernier, je lui envoyai mon Mémoire ; depuis, je n'ai rien entendu dire de ses opérations. Je lui ai écrit dernièrement, et je n'ai pas eu de réponse ; je crains de m'être mal adressé.

Attendu que ce sujet est assez important, pour qu'il ne reste pas davantage ignoré, je vais donc suivre le trajet que je me suis proposé de parcourir, et qui fait toute l'importance de ce petit ouvrage.

Pour y arriver, remontant à l'œuvre brut de la nature, j'ai remarqué que chez elle, dans ce qu'elle a d'occulte, on y trouve assez généralement la compensation quelconque d'un résultat pour un autre ; ce qui est aussi vrai que ses magnifiques parallèles qu'elle nous montre dans les formes et couleurs dont elle pare ses sujets.

Autre genre, par exemple : dans la famille d'un cultivateur, s'il y a plusieurs fils, tandis que l'un sera satisfait des travaux pénibles de l'agriculture (ce qui suppose une force de corps analogue), l'autre au contraire, plus faible dans cette partie de son être, aura une grande peine à s'en occuper; mais en revanche, il aura plus d'imagination et une plus grande adresse à confectionner ce qu'il veut.

Que résulte-t-il de cela? Que l'un se trouve bien dans les champs, et que l'autre se trouve mieux partout ailleurs. Voilà pour ce qui concerne l'emploi du temps. — Pour ce qui est de l'agréer, que l'un, né idolâtre de ses habitudes, n'a de jouissance que dans ce qu'il connaît; que l'autre, au contraire, n'a de jouissance que dans ce qu'il apprend à connaître; enfin, qu'étant plus apte à envisager les intérêts majeurs, qu'il est aussi plus apte à vouloir en profiter.

Si la campagne et la ville, chacune en particulier, produisait sans mélange, dans une proportion de qualité réciproques, les sujets qui lui sont d'urgence, cela serait suffisant pour maintenir la balance de tous les intérêts; mais il n'en est pas ainsi, et il en résulte comme on en voit l'effet, que le nombre qui se jette dans les villes étant trop grand, que l'agriculture en souffre, et que dans les villes la concurrence dans tous les genres y est oppressive au dernier degré.

Quel est le concours d'action qui détermine la réussite d'un résultat si fâcheux? Je suis persuadé que votre imagination, pleine encore du récit précédent, vous le représente, dans l'intérêt que l'enfant inspire naturellement à ses parents. Vous y voyez le père! ce bon père, succombant sous l'impression que lui fait son trop faible fils, travailler de toute sa force! plus que sa force! courber son cops en forme d'arc, pour satisfaire les idées, les besoins de son fils.

A défaut du père, de le vouloir, n'a-t-il pas aussi sa mère, laquelle, flattée dans son cœur comme dans son amour-propre, sollicite le père en sa faveur; ou, faute d'obtenir de lui le pécune nécessaire, fait des cachettes pour satisfaire les idées de son fils.

Maintenant, supposons qu'il apprenne son état à la campagne, il n'en viendra pas moins à la ville pour s'y perfectionner. Donc, d'après cela, il est clair que tôt ou tard, presque tous ceux qui sont intelligents par nature viennent passer à la ville un certain temps, ou s'y établissent entièrement.

Cette influence étant proportionnée au nombre dominant des populations originaires de la campagne, comparativement à celle des villes, elle doit donc être considérable, et ce n'est pas tout!

Maintenant, comment sont faits ces hommes jeunes et vieux, originaires de la campagne, et qui préfèrent s'occuper de l'agriculture à tout autre genre de travail?

Ce sont des hommes qui ont de forts muscles, de larges épaules, une forte poitrine, des traits plus ou moins irréguliers, aigus ou fortement émoussés.

A côté d'eux travaillent dans le pays d'autres qui ne ressemblent en rien à ceux-là : ce sont ceux qui, libérés du service, font valoir leur propriété à laquelle ils tiennent; mais en proportion leur nombre est petit. Pour quant à ceux qui n'ont pas de propriété et qui sont également intelligents, à coup sûr, ils n'y reviennent plus.

Enfin, il est encore une autre catégorie d'hommes, qui se jettent aussi dans les villes au détriment de l'un et l'autre : ce sont ces populations ambulantes qui, soit de l'étranger, soit de quelques-uns de nos départements, se jettent pêle et mêle dans tous les autres, et ne laissent chez eux, pour maintenir les soins qu'exige l'agriculture, que des vieillards, des femmes et des enfants.

De tous ces gens qui partent, plusieurs abandonnent chaque année leur pays, et, semblables à ceux que j'ai précédemment cités, deviennent aussi dans les villes garçons de peine ou domestiques, puis commis, et ensuite maîtres; d'autres se jettent dans toutes sortes d'états, ou positions différentes.

D'autres encore, voyant de leurs concitoyens réussir, pensent de réussir aussi, vendent ce qu'ils possèdent à la campagne, et prennent en ville un débit : ceux-là, venant pour la première fois, qui y prennent le nom de marchands au lieu de commis, étant sans expérience, s'y ruinent, et d'autant plus facilement, qu'ils n'y sont pas poussés par la supériorité de leur intelligence, mais seulement par le désir d'y acquérir.

Maintenant, compulsons dans les villes cette fourmillière d'individus qui y arrivent de toute part de la campagne; nous verrons que tous ces jeunes gens qui s'y jettent directement sont à peu près vierges de toutes les monstruosités que les passions y développent.

Pleins de cette sève vigoureuse dont la nature les a entretenus, ayant l'esprit uniquement occupé aux moyens de capitaliser, encouragés par l'avantage qui en résulte, dans la satisfaction qu'ils éprouvent, leur courage en est sans cesse alimenté, et ils agissent avec une persévérance sans relâche.

Enfin ces gens d'intrépidité, pleins de bon sens et d'agilité, ne redoutent pas la concurrence; le progrès est avec eux.

La nature qui compte le temps, autant par les nombreuses perfections que les hommes étalent que par les indices géologiques que la terre nous montre ; c'est elle qui les accompagne dans les villes , les protége et les rend infatigables.

Ce merveilleux de la nature n'est pas étonnant, quand on considère que par eux elle n'est pas contrariée dans ses influences, ou que du moins elle l'est très peu , tandis qu'elle l'est beaucoup par les fils de la ville , qui ont presque tous des passions exagérées.

Dans ce qui vient d'être dit , on reconnaît positivement que la campagne se dépeuple à son préjudice et à celui de la ville ; que c'est cette affluence considérable de gens qui , en partie, s'y partagent les affaires au détriment des gens natifs , et de plus, privent la campagne des hommes de capacité, qui lui seraient si utiles pour faire valoir à son avantage tous les moyens d'une riche culture.

Dans les objets d'arts, si les premiers sont chers, ensuite ils diminuent, parce qu'on trouve le moyen de faire plus vite et à moins de frais.

Dans l'agriculture , où en est le progrès , si ce n'est pour ce qui s'emploie aux délices de la vie, mais de la nécessité? Non, pourquoi? Parce que le nombre d'hommes qui domine, au lieu généralement de saisir les moindres effets de la nature, avec lesquels ils devraient se familiariser sans cesse , la plupart s'en rapportent à des inductions mansongères et ridicules, que le temps ne décesse d'accuser.

L'agriculture, sauf quelques départements, ce que je démontrerai, est donc absolument stationnaire. Mais qu'on examine les effets, et on verra que la nature ne prodigue ses lumières qu'à ceux qui s'identifient avec elle, et ce n'est qu'à force d'expérimenter qu'on y arrive, et non autrement.

D'après les diverses peintures que j'ai faites sur les habitants des campagnes, on voit donc clairement, d'une part, par quelle circonstance les bras y manquent; d'autre part, pourquoi l'agriculture y fait si peu de progrès, et par ces diverses circonstances, on reconnaît encore que les productions du sol étant insuffisantes, en proportion de la population qui augmente, qu'elles menacent de devenir toujours de plus en plus chères.

Pour quant à ce qui se passe dans les villes, on voit aussi que c'est cette affluence de gens qui s'y rendent, et s'y font concurrence, joint à la cherté des subsistances et des loyers, qui font que, tandis que le pauvre ouvrier a de la peine à vivre, les manufacturiers et les commerçants mangent la plupart leur avoir.

Donc, il serait absolument urgent, dans l'intérêt de toutes les classes, d'y remédier. Maintenant, il ne me reste plus qu'à démontrer par quel moyen on peut obvier à tous les inconvénients que je viens de signaler.

MODE A SUIVRE.

Utilise-t-on toutes les ressources du sol qu'on cultive? Oui, à peu près, mais seulement dans les départements, où, comme celui du Rhône, sont établis les grands centres de population. Ailleurs? Non! il est reconnu par tous les connaisseurs que les fermiers, et ceux qui cultivent à moitié produit, prennent la plupart du temps, au moins le tiers des terrains de plus à faire qu'ils ne peuvent convenablement cultiver. Qu'en outre, il y a une grande quantité de propriétaires qui, faute d'avoir des sommes à disposer, ou crainte d'en disposer, qui se trouvent dans le même cas.

De même qu'il est reconnu encore que presque tous

manquent, dans les proportions voulues, pour que leur basse-cour présente un aspect en rapport, soit avec l'étendue des terres à disposer, soit leur position, soit leur qualité; qu'il résulte de là, que les engrais étant insuffisants, que les terres en souffrent, et que le bétail étant rare est plus cher qu'il ne devrait être.

Pour obvier à tous ces inconvénients, avant que de s'occuper de coordonner ainsi toutes les parties entre elles, et faire suinter tous les intérêts à l'avantage des propriétés (comme but d'intérêt général), il est d'abord de première importance que tous les cultivateurs y soient en nombre suffisant pour les toutes exploiter convenablement. Il faudra donc alors prendre un moyen pour savoir combien il en faut dans chaque commune rurale des départements qui composent la France.

Pour en faire un compte facile à admettre, et qui soulève moins d'objections, prenant un parallèle, examinons dans chaque commune les quatre propriétés les mieux cultivées, et en même temps celles qui représentent le mieux la composition de toutes les autres; observant les différences qui peuvent en outre exister d'un commun accord avec le propriétaire des fonds en concurrence, nous dirons : combien occupent-elles d'hommes..... donc, établissant les proportions, et d'après le cadastre, encore, nous dirons : si les quatres propriétés que nous prenons pour base, qui, en des lieux différents, composent une culture différente, comportent en terrain une étendue de, et qu'il faille tant d'hommes pour les cultiver, combien toute la commune devra-t-elle en avoir qui soient en travail?

Ce calcul fait, sachant le nombre, il ne s'agira plus, dès lors, que d'en faire l'application à chaque propriété dans les proportions indiquées par le cadastre, sauf quelques modifications, ainsi que nous l'avons dit plus haut, de l'avis même du propriétaire, le tout se faisant d'un commun accord.

Cela arrêté, il ne restera plus qu'à l'exécuter. Ne pas organiser le travail quand les terres le nécessite, ou mal les préparer, c'est la même chose. Pour éviter l'un et l'autre, aussitôt que besoin sera, on soignera que les travailleurs fassent bien et s'en occupent assidument, et que s'ils ne peuvent continuer qu'ils se fassent remplacer.

Pour les communes où les hommes manqueront, il s'agira de le faire connaître dans tous les cantons du département, et dans toute la France, les départements qui se trouvent dans ce cas.

Dès-lors, les autorités des lieux, là où ils sont trop peu, comme là où ils sont trop, se correspondront pour aviser aux moyens de les répartir selon les pays, et s'entendre de tous leurs efforts pour arriver à ce but.

Elles nommeront en outre un inspecteur dans chaque canton, qui visitera les communes de son arrondissement pour s'assurer si le nombre des travailleurs voulus est en ouvrage ; il s'assurera aussi de l'état, soit des terres, soit des basse-cours qui leur sont en rapport.

D'un autre côté, le gouvernement devra en avoir également un dans chaque département, qui fera son inspection et recevra les réclamations des habitants sur l'état des répartitions d'hommes en travail.

Une fois que la balance sera établie d'une façon stable pour la culture de chaque propriété, avec une basse-cour montée pour être en rapport de la position, de l'étendue et de la qualité des terres qui la compose, prenant en considération les pâturages communaux, pour obtenir que la vérification en soit plus facile, il sera bon que dans la maison de chaque habitant, le tout y soit affiché en forme de tableau, où y soit compris le mode différent de culture, dans une série de quatre ans.

Une caisse devra être ouverte dans chaque canton, à la disposition des propriétaires et métayers de chaque commune, dont le besoin serait un obstacle au progrès de la culture. Le remboursement pourra s'opérer sur le produit; néanmoins, suivant le temps opportun à cette possibilité.

Chaque année, quand toutes les recettes seront rentrées, à une époque déterminée, il conviendra de récompenser le propriétaire cultivateur et le métayer, les deux qui auront le mieux satisfait aux conditions voulues.

Dès-lors, pour cela, ainsi que pour déterminer le mode de culture approprié à chaque propriété, un jury d'appréciation devra être établi dans chaque canton; il devra correspondre avec les fermes modèles, celles les plus proches, s'assembler une fois par mois, et livrer à la publicité le fruit de ses remarques.

On a vu dans cet exposé, que généralement, à mesure que la population de la France augmente, qu'elle jette en valeur intelligente son excédant presque entier sur les villes, où elle y occasionne un trop plein.

Que de ce manque d'harmonie résulte, d'une part, le peu de progrès qu'on remarque dans l'agriculture, d'autre part, son insuffisance à fournir les subsistances nécessaires qu'exige son accroissement, ce qui les rend de plus en plus chères.

D'autre par encore, dans les villes la misère qui s'y propage dans une semblable gradation.

Et on y voit aussi qu'on ne peut y remédier qu'en retenant à la campagne les bras suffisants à son travail, et comment on doit procéder pour en obtenir la réalisation à l'avantage de la société entière.

Un gouvernement (en bonne logique) n'est réputé gouvernement, que d'autant qu'il renferme dans ses attribu-
tions le pouvoir arbitraire de ramener au profit de tous
les intérêts qui tendent à s'en écarter par une mauvaise
disposition.

Donc, s'il ne lui est pas possible d'hausser invariable-
ment le prix de la main-d'œuvre, par rapport aux autres
peuples qui font le même ouvrage, qui ont de grandes ressources alimentaires, et qui payent moins de loyers et im-
pôts, il lui est du moins possible par le moyen que je pro
pose d'arriver au même but.

Où la nécessité commande, les objections se taisent;
si elle exige qu'une partie des citoyens se déplace, tant pour
défendre la patrie que pour prêter sa force au gouverne
ment, l'emploi des moyens efficaces qui garantissent l'exis
tence facile de tous, n'a-t-il donc pas la même impériosité.

L'industrie, avec ses nombreuses machines qui se multi-
plient rapidement presque sur toutes les parties de la terre,
comblent insensiblement toutes les issues encore ouvertes
au commerce ; plus leurs efforts tendent à neutraliser par
leur activité les effets de la concurrence au profit des nations
les mieux fournies, plus donc l'agriculture a besoin de
développement, pour absorber l'état d'inertie que leur trop
grand mouvement détermine.

C'est donc bien du côté de l'agriculture qu'on est forcé
de se tourner ; l'assentiment en paraît général, le gouvernement le veut et le propose ; mais le mode positif lui man-
quait-il ? Il en est de cela comme de l'œuf tenu droit par
Christophe Colomb ; c'est là mon Amérique, dit-il.

Gloire au peuple français s'il saisit cette importante mesure ! laquelle, avec la diminution d'impôt qu'il pourra faire
sur les objets de consommation, transformera l'état fâcheux

de la France en un état heureux, et plus grand en res_source qu'aucun des peuples de la terre.

MAIRIE DE COLLONGES.

Nous soussigné Jean-Pierre Arnaudet, lieutenant-colonel de cavalerie en retraite, officier de la Légion d'Honneur, maire provisoire de la commune de Collonges, certifions, pour rendre hommage à la vérité, que depuis environ 25 ans que nous connaissons le citoyen Mandy (Jean-Claude), et jusqu'à fin octobre 1847, qu'il a quitté Collonges, il s'est toujours conduit en honnête homme et paisible ; qu'il n'a jamais varié dans ses opinions, qui m'ont parues d'un républicanisme franc et pur ; qu'il a employé constamment son temps superflu, soit aux études, soit à des occupations philantropiques d'utilité et des secours pour ses semblables.

En foi de quoi nous avons délivré le présent certificat, que nous avons signé et timbré du sceau de la mairie.

Fait à la mairie de Collonges, le 20 mars 1848.

Signé : ARNAUDET.

JUSTICE DE PAIX.

Je soussigné, certifie sur la demande qui m'en a été faite par le citoyen Mandy, et pour rendre hommage à la vérité, que depuis douze ans environ que j'exerce les fonctions de juge-de-paix dans le canton de Limonest, ledit citoyen n'a eu devant mon tribunal aucun débat avec les ouvriers ou autres de différents corps d'état qu'il a souvent employés.

En foi de quoi je lui ai délivré le présent. Saint-Cyr-au-Mont-d'Or, 21 mars 1848.

Signé : Joseph PEAUD.

Le sieur Mandy Jean-Claude, expose que, depuis le 1er novembre passé, il demeure dans le bas de la commune de Caluire, et qu'il désire voter à Neuville plutôt qu'à Limonest, où sa dernière résidence le porte.

Ayant acquiescé à sa demande, je lui ai donné acte de sa déclaration, et l'ai mentionné sur le registre à cet effet.

Fait à la mairie de Caluire, le 23 mars 1848.

Signé, *nous maire provisoire*, JOINPN.

Lyon. —Imp. de J.-B. RODANET et Comp., rue de l'Archevêché, 3.